荒野求生技能手册

4

QIXIANG CHANGSHI YU ELIE TIANQI YINGDUI

气象常识与恶劣天气应对

[英] 贝尔 · 格里尔斯 著 邢立达 译

接力出版社
Publishing House

U1002789

Bear Grylls

本套“荒野求生技能手册”专为各位年轻的探险家打造，以确保大家在野外的安全。各种天气条件下的冒险都非常有意思，但这些天气也存在各自独有的问题。预测天气可能带来什么后果，并在炎热、寒冷、雨天、大风天和雪天里保证安全，都是非常重要的技能。掌握这些技能之后，你才可以无所畏惧地走进野外！

Bear

目录

天气是什么 4
什么是气候 6
季节 8
风 10
气压 12
云 14
雨 16
雾 18
洪水 20
雷暴 22
飓风 24
龙卷风 26
雪和暴风雪 28
冰雹、霜冻和冰 30
寒冷气候 32
山地气候 34
滨海气候 36
热带气候 38
干燥气候 40
天气预报 42
气象记录 44

天气是什么

不同天气代表着不同的户外情况：寒冷或者温暖，晴朗或者阴沉，干燥或者有雨。天气会影响所有户外活动，因此熟知气象常识是非常重要的生存技巧。

天气为何如此多样？

太阳对地球不同区域的大气具有不同程度的加热作用，因而形成了不同的天气状况。海洋也会影响天气（见第36—37页）。

降水

从大气中落到地面的液态或固态的水，叫降水。

阳光

太阳光的热量使海水蒸发。水汽上升，形成了云团。

气温

气温是指空气的冷热程度。空气十分寒冷的时候就会下雪。

做好准备！

在野外探险时要准备好应对各种天气，所以要多携带几件衣服，以便在冷热交替的时候酌情穿脱。还要根据天气带上雨帽、太阳帽或羊毛帽。

还需要准备：

1. 防水外套，以防下雨
2. 手套
3. 靴子或徒步鞋
4. 手表
5. 旅行背包

所有探险活动中都要携带：

1. 饮用水和食物
2. 急救包
3. 手电筒
4. 手机
5. 地图和指北针

地球的大气层

天气现象发生在地球的大气层中。大气层是包围着地球的一层厚厚的气体。大气层主要分为五层：外逸层、热层、中间层、平流层和对流层。

贝尔的话

计划徒步旅行和探险时，必须查看天气预报。天气预报可以通过网络、电视或广播获取。

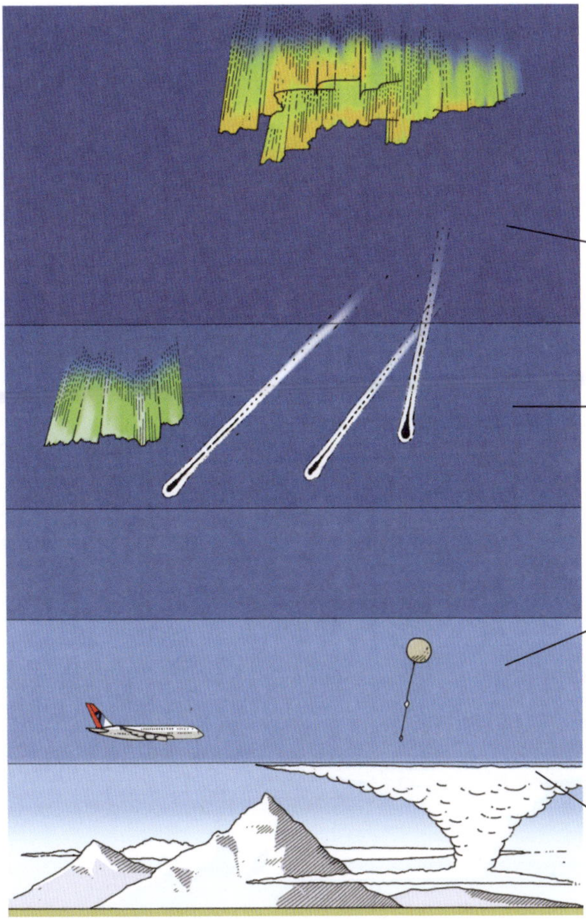

外逸层的气体非常稀薄，而且会散入太空

绚烂的极光形成于热层和外逸层

平流层中有一层稀薄的臭氧，它可以吸收阳光中的紫外线。大型客机就是在这层平稳的大气中巡航飞行的

天气现象发生于最低的对流层，这一层容纳了绝大部分的大气质量

防晒霜

20 世纪，空气污染导致臭氧层变薄，使得更多的紫外线穿透大气层。在户外要使用防晒霜来保护皮肤。

什么是气候

气候和天气是不同的概念。很多地方的天气变化多端，而气候描绘的是更宏大的特征——某个地区多年的概括性的天气情况。

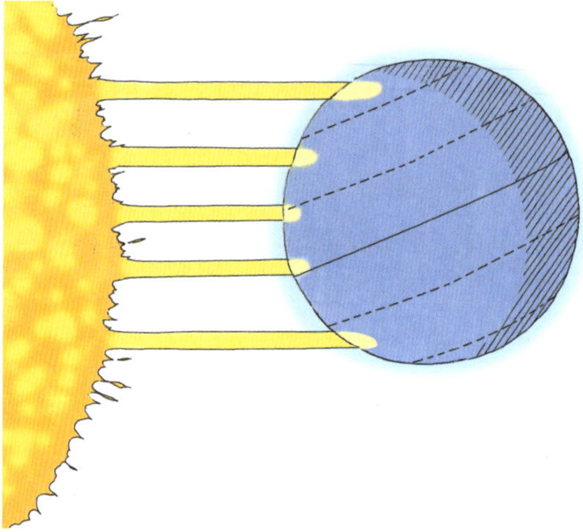

所在地区到赤道的距离

气候受三大因素的影响。其中，所在地区到赤道的距离对气候影响最大。太阳光直射赤道附近的热带地区，所以这些地方终年气候炎热。而地球上更靠北方和南方的地方不会受到太阳直射，因此比较凉爽。

海拔

海拔高度也会影响气候。较高处的空气难以留存阳光的热量，所以山区比低地凉爽（见第 34—35 页）。

到海岸的距离

沿海地区的气候要比内陆腹地温和，因为海洋既能在夏天给陆地降温，又能在冬天使陆地保持温暖（见第 36—37 页）。

气候带

地球上的每一个区域都有特定的气候，形成了不同的气候带。下表列出了主要的气候带。外出旅行之前要先了解当地的气候，以便决定要携带什么装备。

气候类型	代表地区	特征	气候类型	代表地区	特征
热带雨林气候	亚马孙平原、刚果盆地和马来群岛等地	终年高温多雨	温带季风气候	中国东北部、俄罗斯的东南部、朝鲜半岛	夏季高温多雨，冬季寒冷干燥
热带草原气候	非洲中部热带雨林的两侧	终年高温，有明显的干湿季	温带海洋性气候	欧洲西部	冬无严寒，夏无酷暑，一年内降水均匀
热带季风气候	印度半岛和中南半岛	终年高温，有明显的旱雨季	温带大陆性气候	亚欧大陆和北美洲	终年温差大，降水量少
热带沙漠气候	撒哈拉沙漠	终年高温少雨	寒带气候	北冰洋沿岸、格陵兰岛、南极洲	夏季短暂，终年严寒，降水稀少
亚热带季风气候和亚热带季风性湿润气候	中国东南部、美国东南部、巴西东南部	夏季高温多雨，冬季温暖少雨	高原山地气候	中低纬度地区的山地高原	景观的垂直变化显著
地中海气候	地中海地区	夏季炎热干燥，冬季温和多雨			

微气候

城市等小范围地区的气候可能不同于周边地区。这种现象被称为微气候。建筑和柏油路可以吸收热量，因此城市中比较温暖。

气候变化

空气污染让太阳的热量滞留在大气层内，导致全球气温不断升高。全球气候变暖正在影响着世界各地的环境。

季节

地球上很多区域都会在一年中的不同时间出现不同的气候特征。这种周期性变化被称为季节。出现季节的原因是地球自转轴相对于公转平面倾斜一定角度。

季节的由来

地球自转轴倾斜角为23.5度。这种倾斜在空间中的朝向始终不变。地球向太阳倾斜的一半处于夏季，而另一半处于冬季。6个月后，季节就会颠倒过来。

贝尔的话

了解季节变化有助于生存专家规划探险活动。探险家会在夏季造访极地，因为极地夏季有极昼现象。

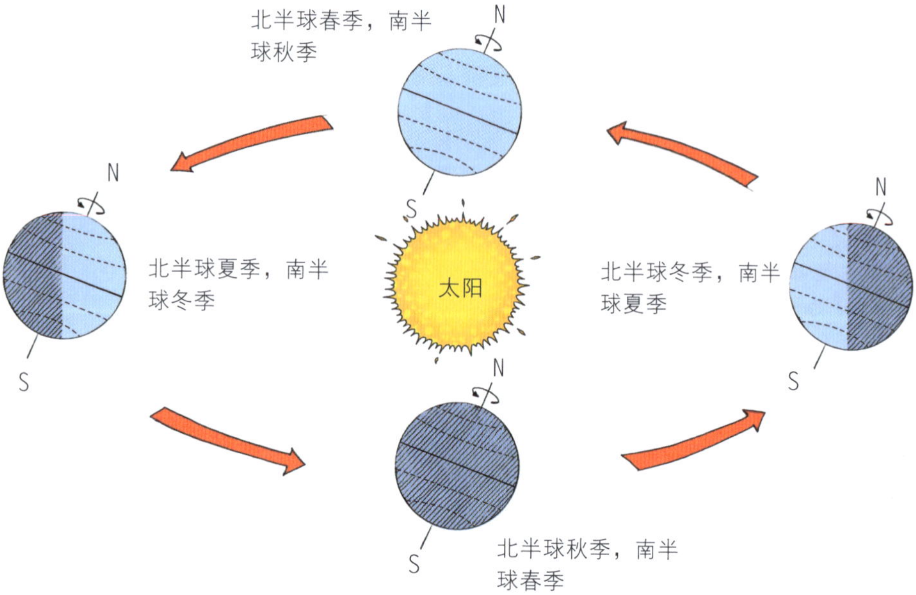

热带降雨

热带的很多地方都全年潮湿。这些地区生长着热带雨林。

潮湿和干燥

热带的部分地区一年只有两个季节：旱季和雨季。

温带的四季

温带位于热带和极地之间，四季分明。

春季

春季气温开始升高，阔叶树长出新叶。

夏季

植物在最温暖的夏季里生长迅速。

秋季

秋季来临，阔叶树的叶子脱落，准备迎接冬季。

冬季

冬季是最寒冷的季节。阔叶树的叶子落光了。

极地气候

极地气候非常极端。冬季的极地背向太阳，全天都没有阳光，寒冷刺骨。夏季的极地朝向太阳，没有夜晚，但气温依然很低。

风

风是空气的流动形成的，其产生原因是太阳不同程度地加热不同地方的空气。被太阳晒热的空气密度减小，向上升起。而温度较低、密度较大的空气则会移动过来填补空缺，这便产生了风。

地球上的风

温暖的空气从赤道附近升起，流向极地。冷空气会填补这个空缺。这个过程造成了环流风。但地球的转动会改变风的方向，于是又产生了定向的盛行风。

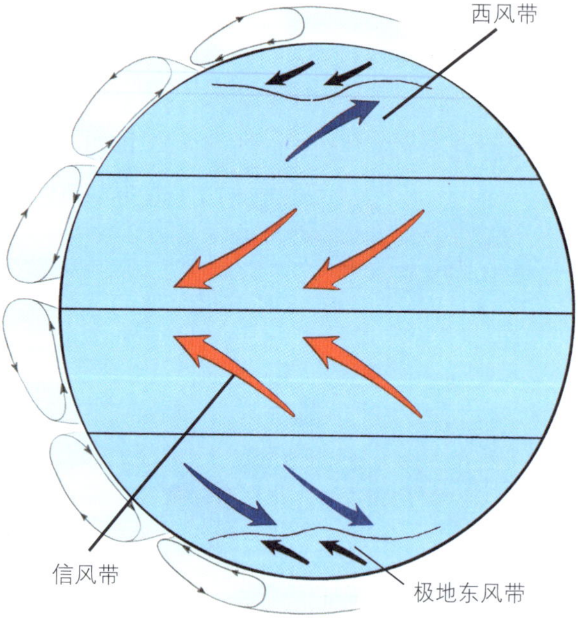

风寒效应

风会带走身体的热量，让人感到空气变冷。这种现象被称为风寒效应。表格中显示了风速是如何影响体感温度的。

风速 英里*/时 \ 气温 °F	40	30	20	10	0
15	23	9	-5	-18	-3
20	19	4	-10	-24	-39
25	16	1	-15	-29	-44
30	12	-2	-18	-33	-49

风速 英里/时 \ 气温 ℃	4	-1	-7	-12	-18
24	-5	-13	-21	-28	-35
32	-7	-16	-23	-31	-39
40	-9	-17	-26	-34	-42
48	-11	-19	-28	-36	-45

* 1英里约为1.61千米。

贝尔的话

如果要在大风天里徒步旅行，那就得时不时寻找有遮蔽的地方休息，比如墙的后面。不要去山脊等空旷的地方。

蒲福风级

蒲福风级根据风对树木、烟雾、建筑和海浪的影响来度量风速。

0 级 无风

平静，烟雾竖直上升。

1 级 软风

烟雾斜飘。

2 级 轻风

树叶沙沙作响。

3 级 微风

细枝和树叶摆动。

4 级 和风

小树枝摆动。

5 级 劲风

小树摇摆。

6 级 强风

大树枝摇摆。

7 级 疾风

树木摇动。

8 级 大风

细枝折断，行走困难。

9 级 烈风

树枝折断，屋顶瓦片掉落。

10 级 狂风

树木被连根拔起。

11 级 暴风

有广泛损坏。

12 级 飓风

摧毁力极大。

气压

气压是由所有压在我们身上的空气产生的。气压差异造就了被称为“锋”的天气系统。锋可能会带来云团、降雨或风暴。

贝尔的话

风始终从高气压地区吹向低气压地区，如同空气从气球中向外逃逸一样。

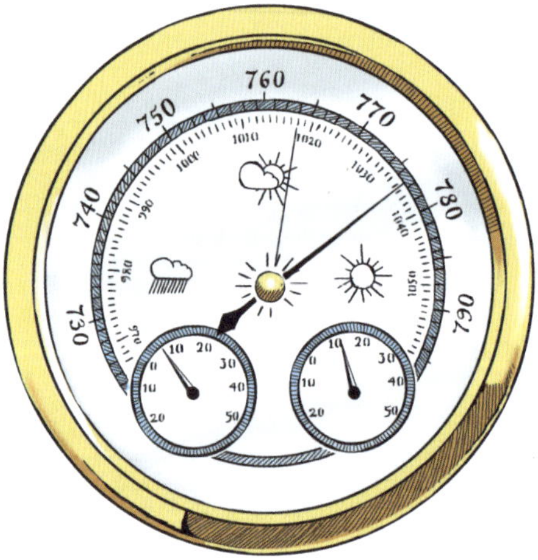

气压测量

测量气压的工具叫作气压计。它们也可以用来预测天气。气压升高通常会带来晴朗干燥的好天气，而气压降低一般会引起阴云和降雨。

高和低

暖空气上升时会在地面附近制造出低气压区域。周围的空气围绕低气压中心旋转，并被吸入中心，向上输送。下沉的冷空气则会制造出密度更高的高气压区域。冷空气变暖时阻碍水汽冷凝，通常会形成干燥天气。

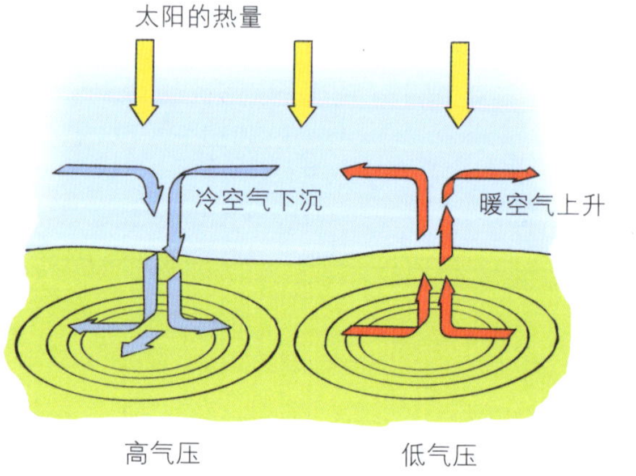

锋面

锋面是冷热空气遭遇的地区。锋的名字取决于前进中的空气是冷空气还是热空气。下面的示意图展示了这些系统（见第 42—43 页）。

冷锋

前进的冷气团钻到暖气团下方，而暖气团迅速上升。水汽冷凝。其结果通常是强风和阵雨，随后又会出现晴朗干燥的好天气。

暖锋

暖气团滑到密度更高的冷气团上方，可能会产生各种云系。

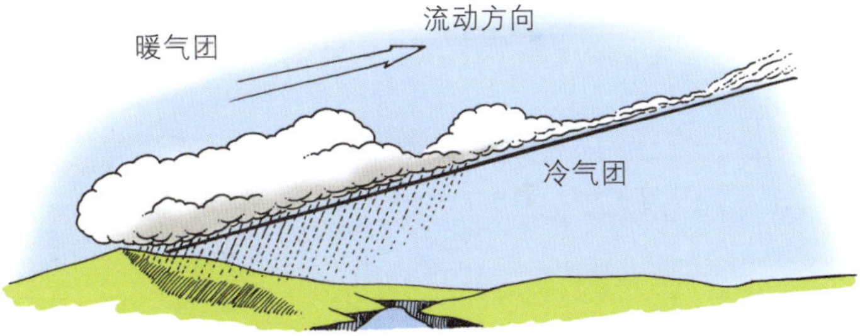

锢囚锋

冷锋赶超暖锋的时候就会产生锢囚锋。冷气团将暖气团抬离地面，形成云和降水。

云

云是由微小的水滴或冰晶组成的。不同的云预示着即将出现的晴天、风暴或降水等不同的天气。因此，看云识天气也是重要的生存技巧。

贝尔的话

云团为我们遮挡了太阳的一部分热量和阳光中有害的紫外线。它们让夜晚更加温暖，但是也会带来降雨。

卷云

卷积云

卷层云

高积云

积雨云

积云

层积云

层云

云层高度

各种云团的形成高度各不相同。卷云形成于高空，中云（如高积云）形成于中等高度，而层云位于低空。积雨云的厚度最大，可达12 000米。

雨

云中的水汽最终都会变成雨水、冰雹或雪花落下。降落到地面的水汽凝结物被称为降水。即使天气晴朗，进行户外活动时也要准备好应对下雨。

雨的由来

云中飘浮的微小水滴被气流吹拂，不断相互碰撞并结合在一起，形成更大的水滴。最后水滴因为太重而无法继续飘浮，于是落到了地面。

水循环

水在大气、陆地和海洋之间循环往复，称为水循环。

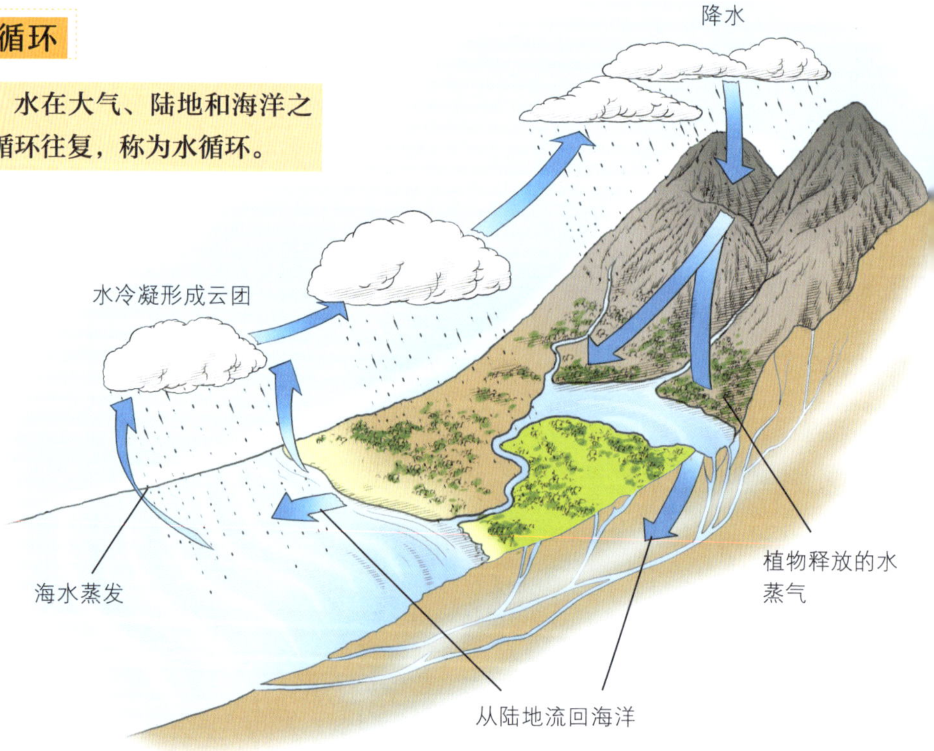

降雨分布

不同地区的降雨量差异极大。一些地区的雨水非常丰沛，而沙漠等地区降雨量则相当少。

雨影区

直面湿润海风的山坡时常下雨，但气流到达山脉另一侧的时候已经耗尽了水汽，使得这一地带十分干燥，称为雨影区。

潮湿天气下的装备

潮湿的衣服会让人感到寒冷，甚至造成低体温症。现代雨衣等装备通常由“透气”的织物制成，它们既可以让汗气透过，又可以让使用者保持干燥。不要穿牛仔裤，它们会吸收大量湿气，需要很长时间才能晾干。

彩虹

太阳光穿过小水珠时，有时会形成彩虹。白光穿过小水珠时发生折射，分成多种色光：红、橙、黄、绿、蓝、靛、紫。

贝尔的话

在背包上套一层塑料袋，保持包内物品干燥。或者购买专用的背包塑料罩，有些背包本身就附带罩子。

雾

雾像是位于低处的云。突如其来的雾很容易让人迷失方向。使用指北针的能力在这种情况下尤为重要。

轻雾和雾

能见度为 1—2 千米的“低云”被称为轻雾，能见度小于 1 千米时称为雾。

雾起雾散

之所以会出现雾，是因为潮湿的空气接触地面或水面等低温表面时降温，导致水汽凝结。

雾通常形成于夜晚，并在上午太阳使空气升温之后消失，因为暖空气和冷空气相比，能容纳更多的水汽。

有雾和没有雾时的美国旧金山金门大桥

地图和指北针

即使身处浓雾之中，也可以使用地图和指北针来寻找方向。这就是所谓的地图定向。

1 将指北针平放在地图上，使其黑色前进箭头指向地图上你要去的方向。

2 转动圆形的表盘，让表盘上的红色箭头指向地图上的北方。

3 从地图上拿起指北针，使其与地面平行。转动身体，直到红色磁针对准表盘的红色定位箭头。此时表盘前方的黑色前进箭头就指向了正确的方向。

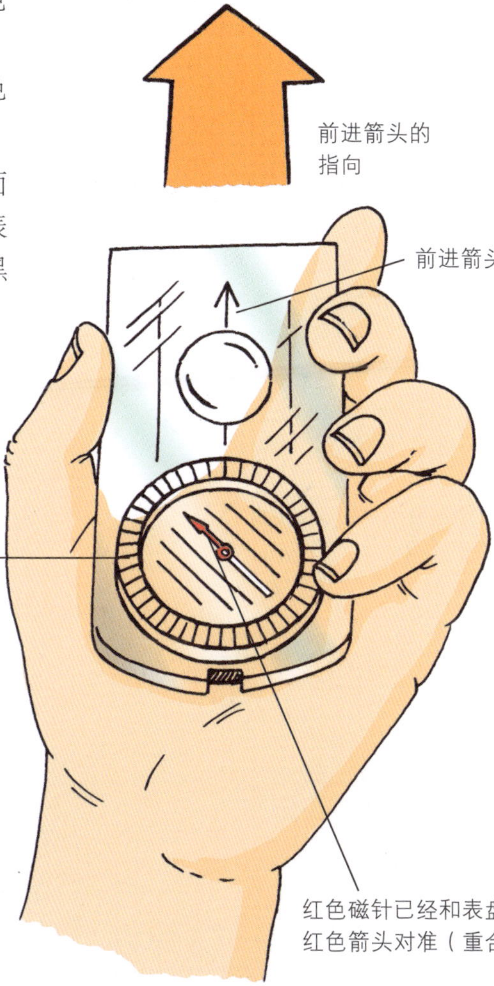

贝尔的话

雾可以毫无征兆地来临，而且能在几分钟之内就掩盖所有地标。保持镇定，拿出你的指北针！

洪水

大雨和雷暴之后的洪水可能非常危险。降雨会让小溪和河流迅速涨水，最后变成汹涌的激流。

洪水的类型

洪水有两大类：河流洪水和海岸洪水。大雨后，河流可能冲破河堤。海岸洪水在满潮、风暴和飓风中出现，海啸也可能引起海岸洪水。

季风雨

季风会在一年中的不同时段变换方向。印度等热带国家处在季风的路径上，雨季通常会出现洪水。

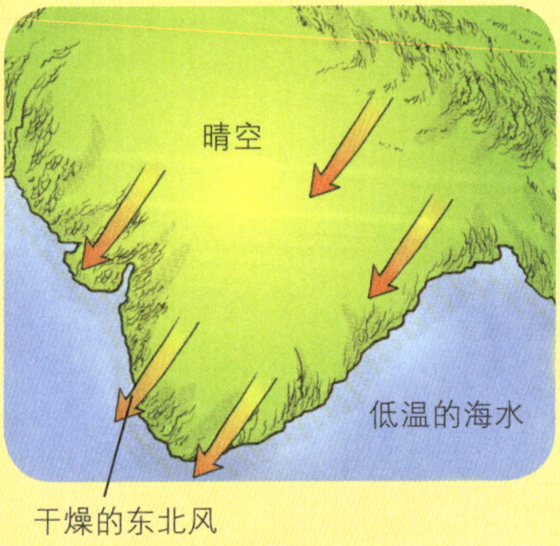

贝尔的话

绝对不能在狭窄的山谷、沟壑或干涸的河床露营。这些地方可能会在上游降大雨后遭遇洪水。

山洪暴发

山洪暴发时，洪水袭击的目标是山丘和大山下的沟壑和峡谷。大暴雨之后，雨水涌入溪流，水位迅速上涨，形成一股向山下奔涌的激流，横扫沿途的树木、道路、桥梁、车辆和牲畜。

渡河

渡河之前先寻找最安全的渡河地点。倒下的树可能会形成天然桥梁，大卵石可以用作渡河的垫脚石。不要尝试通过水深超过膝盖的湍急水流。

有两个人的时候，手挽手过河，或者后面的人拉住前面的人的背包

要涉过涨水的溪流时，结实的棍子可以提供额外支撑，还能用来探测水深

有三个人的时候围成一个圈，让最强壮或最重的人处在上游

雷暴

雷暴是最常见的极端天气。在炎热潮湿的天气里，雷暴甚至每天都会来临，带来危险的闪电、大风和暴雨。

雷暴产生的原因

风推动水滴、冰晶或冰雹互相摩擦，使得雷暴云内部出现电荷蓄积。云层顶端出现正电荷，底部聚集负电荷，而下方的地面也在蓄积正电荷。

贝尔的话

数出闪电和雷声之间相隔几秒，再用这个数字除以3，就能估算出雷暴离自己有几千米。

闪电的类型

电荷蓄积到一定程度之后，云层就会释放出电火花。闪电可以在雷暴云内部发生或从云层射向地面（见下图），也可以在不同的雷暴云之间跳跃。

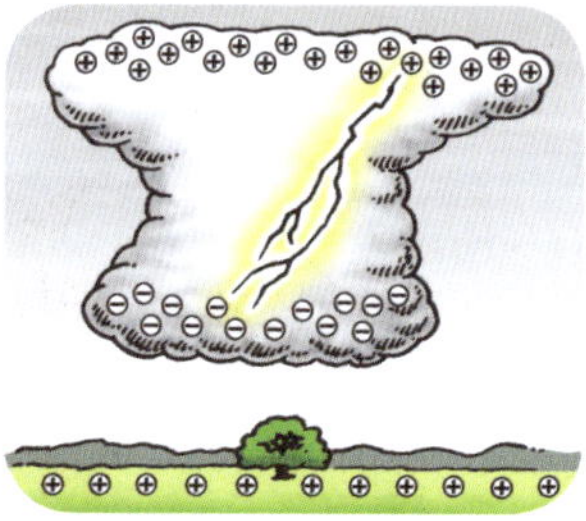

云内闪电

云地闪电

暴风雨中不能去的地方

高地

暴风雨中不要去开阔的山脊和山顶。

孤立的树

千万不能在一棵孤立的大树下躲避暴风雨，在这种地方可能会遭受雷击。

野餐亭

野餐亭对暴风雨没有太大的遮挡作用。

可以遮挡暴风雨的地方

车辆

待在车里相当安全。关闭窗户，不要触摸金属。

小树丛

如果附近有很多比较高大的树木，那么藏身在旁边的灌木丛或低矮的树木下是比较安全的。

低洼处

沟壑可以阻挡闪电，但可能会在大雨后发洪水。

安全提醒

丢弃登山杖或雨伞等金属物件。正在游泳的话，要尽快上岸。

蹲伏姿势

蹲下并用双手护住头部，捂住耳朵。这样可以在遭受雷击时让电流从足部穿过，而不是上半身。

飓风

飓风是巨大的旋转风暴，诞生于热带海域。它们极度危险，风速可达每小时300千米，足以将树木连根拔起，将建筑从地基上吹倒。

飓风的形成过程

飓风形成于温暖潮湿天气下的热带海洋。数个雷暴融合在一起的时候，湿热的空气快速上升，并开始旋转。

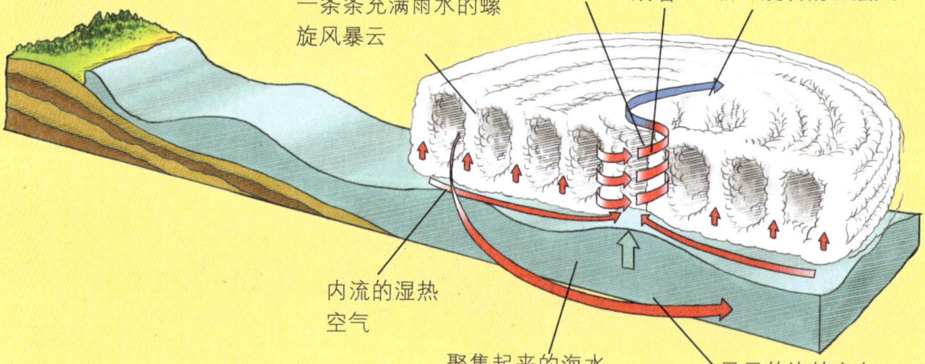

飓风眼

从太空中看去，飓风是形似旋转焰火的旋涡云团，围绕着一片平静的中心区域旋转。这个中心区域就是飓风眼。

风暴潮

飓风眼中的低气压区域吸起海水，导致海水在其下蓄积。这种被称为风暴潮的浪潮冲击海岸的时候，可能会引发洪水。

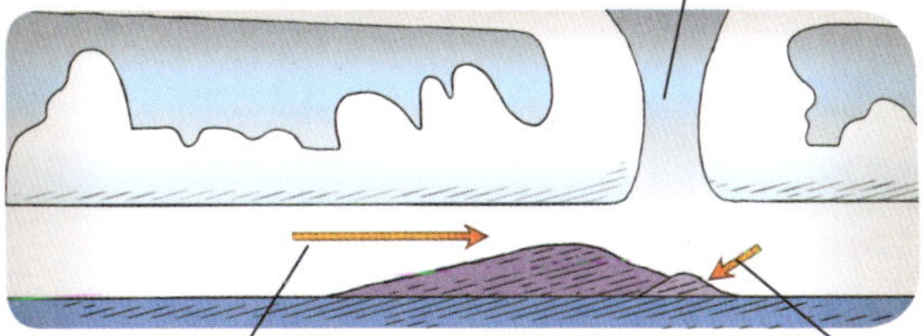

贝尔的话

注意所有气象预警。飓风即将来临的时候万勿外出。躲在坚固的建筑中，可能的话，留在地下室里。

飓风危险地带

飓风诞生在温暖的海洋上。印度洋上的飓风被称为热带气旋，西太平洋上的飓风被称为台风。

准备工作

气象专家会在飓风季节里严密监测风暴。相关的政府部门也会在需要时发布警告，他们可能会要求当地居民躲进避难场所，甚至疏散。

防风窗

有人会用木板封住窗户，以免玻璃破碎。

灾害

飓风会引发灾害。受灾民众只有在确认安全之后才能重返家园。

龙卷风

龙卷风是漏斗状的空气旋涡。它们的规模远小于飓风，但风力可能更加强劲。

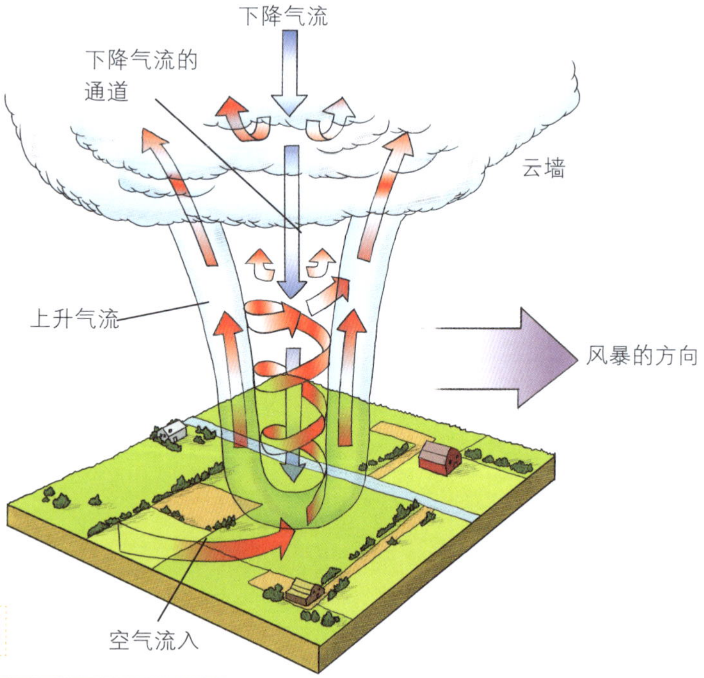

龙卷风的成因

龙卷风在被称为超级单体的猛烈风暴云之下出现。暖空气迅速上升并开始旋转的时候，云层下面会产生漏斗状的旋涡气流，这种气流接触地面后形成龙卷风。

龙卷风通道

龙卷风时常袭击美国的中部和南部，这个宽阔的带状地区被称为龙卷风通道。龙卷风有时候会成群出现，这被称为龙卷风群。

贝尔的话

小心风暴云下方的漏斗状气流。如果正在开车，那就向反方向逃跑，或尽快进入避难场所！

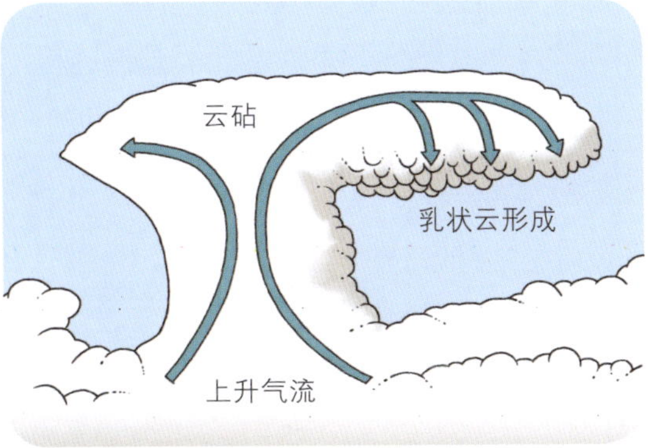

乳状云

有隆起的奇怪云团被称为乳状云，它们有时预示着龙卷风的到来。

尘卷风

沙漠中的旋风可以吹起沙尘，形成被称为尘卷风的小型旋风。遭遇尘卷风时，要遮挡眼睛和口鼻，防止吸入飞扬的沙尘。

海龙卷

海上的旋风有时候会吸起海水，形成漏斗状结构，称为海龙卷。这种旋转的柱体通常很快就会消失。

雪和暴风雪

雪是在温度低于冰点的环境中被冻结的水汽。伴随着强风的暴雪就是暴风雪。

衣物和装备

多穿几层暖和的衣服，其中包括保暖内衣。外套必须防水。雪地里还需要靴子、手套、围巾，以及防止头部热量散失的帽子或巴拉克拉瓦头套。

下雪的原因

在冷云的高处，风将冰晶吹到一起。冰晶相互结合形成了雪花。雪花太大太重而无法继续飘浮时，就会落向地面。

停电

大雪可以压断电线，导致停电，也可以压断树枝、树干，压垮房顶。

贝尔的话

在暴风雪中，风会吹动雪花，钻进衣物的每一处缝隙。出门之前，必须拉上拉链，扣好扣子。

积雪

风会将雪吹聚在一起，形成可以阻断交通的深厚的积雪。被困在车里的时候，尽量不要启动引擎。将窗户打开一条缝，好让新鲜空气进入车厢。

挖雪洞

不得不在没有遮蔽的户外过夜时，雪洞可以救你一命。建造雪洞需要铲子和高高的雪堆。先在雪堆中挖一个略微向下倾斜的通道，然后改为向上挖掘。在尽头处挖出一个空洞，压实洞中松散的雪，做一个用来睡觉的平台。用棍子或滑雪杖在雪堆顶部捅出一个通气孔。

雪鞋

在厚厚的积雪上行走时，穿着雪鞋可以防止下沉。制造雪鞋需要绳索和柔韧的青树枝。将一根长树枝弯成鞋子的形状，紧紧捆住接头处。横竖两个方向固定几根支杆，然后用绳索将它们绑在靴子上。

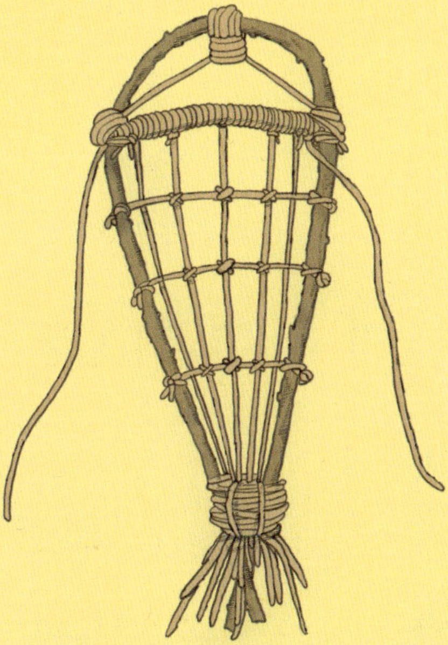

雪盲

雪地的反光可能会导致暂时性眼盲。应佩戴护目镜来保护眼睛。暴露的皮肤上要涂抹防晒霜，以免晒伤。

自制护目镜

可以用布条、皮革条或硬纸板来制作简易护目镜。在纸板上标记并切出观察孔，使用绳子、松紧带或布条将其绑在头上。

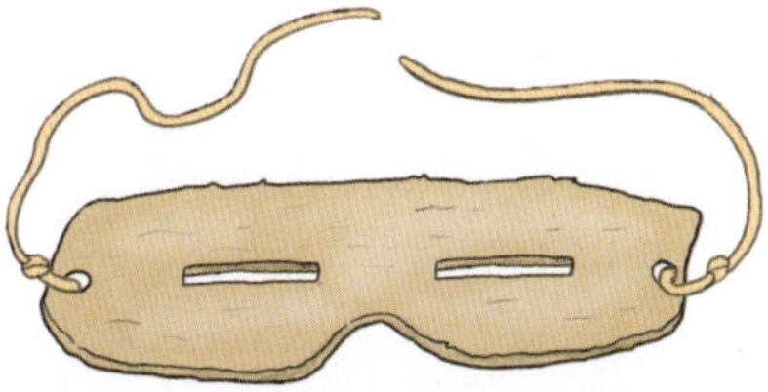

冰雹、霜冻和冰

冰雹、霜冻和冰是水汽冻结后的几种形式。冰雹和冰都可以致命，所以必须非常小心。

冰雹的形成

风暴云中的冰晶被上升气流不断上下抛掷时就会形成冰雹。每个雹块都会在上升下落过程中不断获得新的冰层。雹块变得又大又重，不能继续飘浮时，就会落向地面。

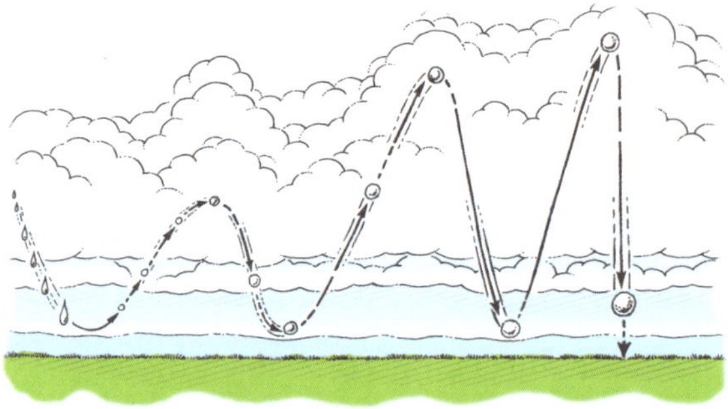

雹块

大多数雹块最多只有豌豆大小，但也有和高尔夫球甚至网球一样大的雹块。又大又重的雹块可以砸碎汽车的前窗玻璃和玻璃天窗。

白霜

水汽在冰冷的玻璃、树叶和草叶等的表面上冷凝并瞬间冻结时，会形成白霜。气温远低于 0 摄氏度之后，植物就会被厚厚的白霜覆盖。

贝尔的话

曾有人被大冰雹击中后丧命。下冰雹时要寻找有遮蔽的地方。在开阔地带遭遇冰雹的时候，可以用手保护脑袋。

潜藏的危险

湖泊和池塘会在气温跌破冰点的时候结冰。冰层之下仍是液态水。走上冰面之前，必须确保它能承受你的重量。不要踩踏厚度不足 8 厘米的冰层。

如何逃出冰窟窿

掉进冰窟窿之后，不要在冷水的刺激下自乱阵脚。划水浮上水面，从水中伸出脑袋。用力游到冰窟窿边缘，用脚踢水，用胳膊支起上半身。有刀的话，可以用它扎进冰面固定身体，爬出冰窟窿。滚动到安全的地方，这样可以挤出衣服里大量的水，也能避免再次压破冰面。

划水浮上水面

支起上半身

爬出冰窟窿

滚动到安全的地方

寒冷气候

良好的准备工作是在极端气候条件下生存的关键。这包括准备适当的装备和衣物，也包括了解冻伤等危险情况和避免这些危险的方法。

极地和苔原

北极和南极都是地球上最寒冷的地方。亚欧大陆和北美大陆的最北部是没有树木的广阔苔原，在冬天里会被冰雪覆盖。夏天雪融之后，苔原变成了充满积水的沼泽地。

传统服饰

因纽特人等极地人群的传统服饰，由他们狩猎得来的动物的毛皮制成。内衣上有柔软的皮毛紧贴皮肤。外套的皮毛朝外，以阻挡雪。

现代服饰

极地探险家会穿上好几层羊毛、抓绒或羽绒做成的衣服。这可以让温暖的空气停留在各层衣服之间和皮肤表面。结实的靴子、连指手套和帽子或巴拉克拉瓦头套也必不可少。

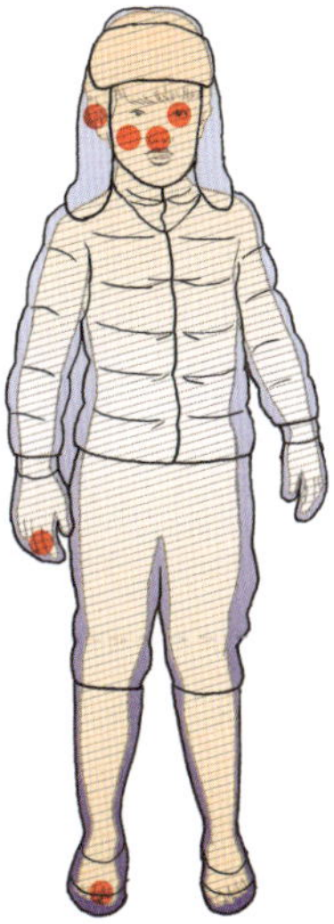

冻伤

皮肤被冻结之后就会出现冻伤。手指、脚趾、脸部、鼻子和耳朵都是十分容易冻伤的部位。冻伤的皮肤呈蜡样外观，而且感觉麻木。可以通过跺脚以及摆动手指和脚趾来保持血液循环，也可以将手夹在腋下。一队人同时行动的时候，结对检查对方有无冻伤。慢慢温暖受伤的地方。严重冻伤时需要就医。

低体温症

如果浑身湿透或者处于极低温度下，体温会下降到极为危险的程度，这就是低体温症。早期体征包括发抖和动作不协调。患者可能会感到疲乏和意识模糊。此时尽快送患者去有遮蔽的地方，脱掉患者的湿衣服，将患者裹在毯子或睡袋里。用自己的体温温暖患者，并提供热饮。

保持温暖

劈柴等活动可以让人身体温暖，并保持血液循环。但不要运动过度，因为汗水会在你停止运动后吸收热量，让身体感觉更冷。

贝尔的话

不要坐在雪地上，这会弄湿衣物，让人备感寒冷。休息时，可以坐在原木或背包上。

山地气候

山中的天气不同于低地，比如山里的空气会更寒冷。山地是时常刮风而且天气多变的地方，所以一定要小心谨慎。

稀薄的空气

高山上的空气密度较低，吸收的太阳热量也较少。海拔每升高 100 米，温度就下降约 0.6 摄氏度。稀薄空气的氧含量也不高，因此有些登山者需要使用瓶装氧气。

衣物和装备

除了湿冷天气下的装备，登山时还需要绳索、头盔和安全带。冰镐和靴底尖利的冰爪可以把登山者稳稳地固定在冰雪上。

山区

每块大陆上都有山脉，就连南极洲也不例外。世界上最高的山脉是亚洲的喜马拉雅山脉。海拔高于 8 000 米的地方被称为“死亡地带”，因为没有人能在这种环境里长时间生存。

冰川

压实的积雪变成冰后，从山峰上滑落时就形成了冰川。这些冻结的“冰河”中散布着深深的裂隙。被新雪掩盖的裂隙特别危险。

雾

雾是山区的常见危险（见第18—19页）。低矮的云雾可能会遮掩峰顶。有时即使山顶晴朗，山谷中也可能聚起轻雾。要带好指北针备用。

雪崩危险

雪崩是指大量冰雪松动，以雷霆万钧之势冲向山下。大雪、正午的温度、滑雪运动甚至响亮的声音，都可能引发雪崩。要注意提防深沟和覆盖着积雪的陡坡。

陷入雪崩时用手脚做出游泳的动作，将身体保持在雪体表面。雪崩减速的时候，双手拢成杯状罩在口鼻前，以留出可以呼吸的空间。通过吐口水判断向上的方向，随后尝试挣扎到雪体表面。失败的话，保持冷静，等待救援。

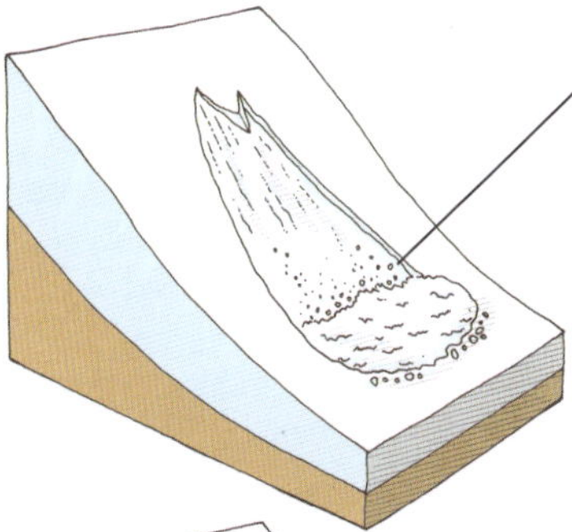

坚实的陡坡上堆积没有压实的少量散雪时会发生松雪崩。表层雪体会从某点开始滑落，而且常常会在起点留下一个倒V形

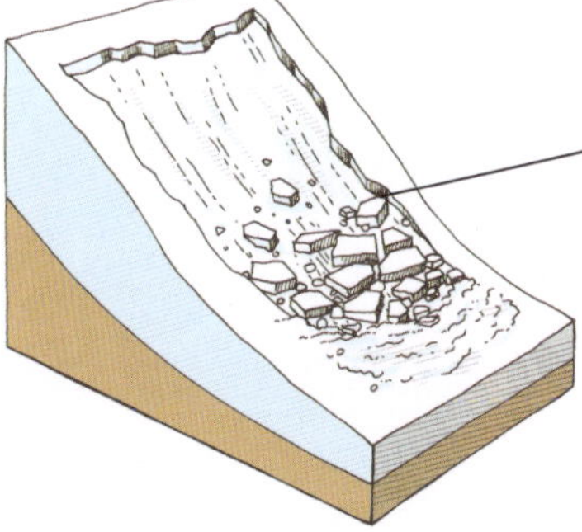

发生板状雪崩的时候，一整块凝结在一起的雪板会从下层的软雪上滑落，并碎裂成很多小块

滨海气候

沿海地区的气候通常温和多雨。海洋的升温和降温速度都慢于陆地，这也会对陆地气温造成影响，使沿海地区冬暖夏凉。

洋流

洋流会影响附近陆地的气温。来自热带的暖流会温暖沿途的陆地，而极地寒流的作用正好相反。

海岸微风

白天和夜里的海岸风方向不同。

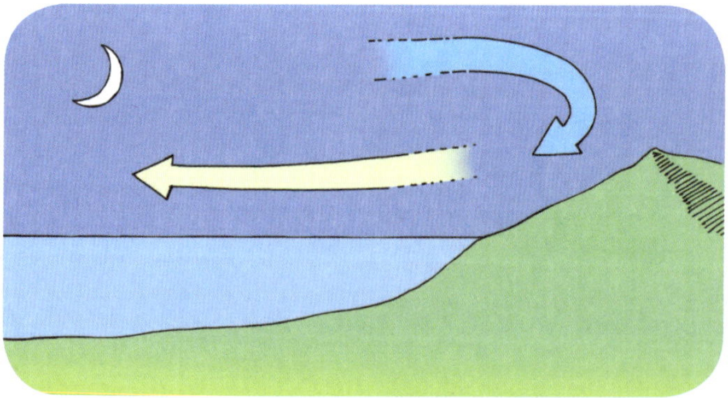

夜晚，冷空气在陆地上空下沉，并向海面移动，以补充仍在上升的热空气

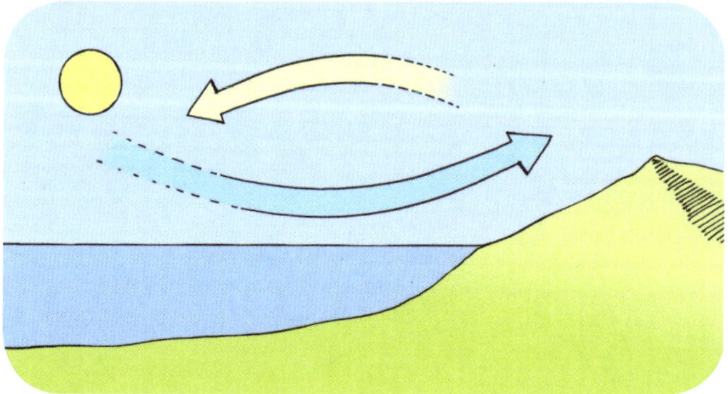

白天，暖空气从地面升起，由从海面上吹来的冷空气不断补充

疾风

离岸风和向岸风一般会让海岸始终处在风的影响之下。悬崖边缘上被风吹拂的树木显示出了最强风的方向，即来自海面的向岸风。

滨海雾

温暖潮湿的空气接触海岸附近冰冷的海面时，通常会起雾。浓雾会使船只探测浅滩和岩石等危险变得很困难。

飓风灾害

热带地区的海岸有发生飓风的危险。飓风形成于湿热的天气中，既会毁损房屋，也能把船刮到陆地上。风暴潮掀起的大浪还可以引起洪水。

海平面升高

气候变化导致地球南北两极冰雪融化，使得海平面不断升高，因此，全世界的沿海地区和岛屿在未来都要面对更严重的洪水威胁。

热带气候

热带的炎热天气可能非常危险，空气潮湿的时候，更是让人感到酷热难当。湿热的气候让细菌和疾病都非常活跃，所以要耗费更多精力才能保持健康。

热带地区

赤道南北的热带地区气候湿热。这些地方大部分时间都在下雨。高降雨量造就了茂密的雨林。

贝尔的话

夜晚点一堆冒烟的营火，可以驱散叮人的虫子。过河之后记得检查腿上有没有水蛭。

丛林生存

睡觉时远离地面，避开那些可怕的爬虫。将吊床拴在两棵树之间，上面还要拴一张防水布挡雨。将干衣服放在塑料袋里，好在夜里穿上。用营火烘干湿衣服。

衣物和装备

长袖衬衣和长裤有助于阻挡阳光和叮人的虫子。靴子可以挡住水蛭和可怕的爬虫。过河的时候要穿靴子。宽檐帽可以遮挡太阳。防晒霜、驱虫剂、地图、指北针和砍刀都是丛林生存的必备工具。

痱子

这种皮肤损伤由过量出汗引起，会堵塞汗腺，并使皮肤极易被擦破。记得清洗皮肤，选择洁净干燥的宽松衣服。可能的话，定期洗澡。

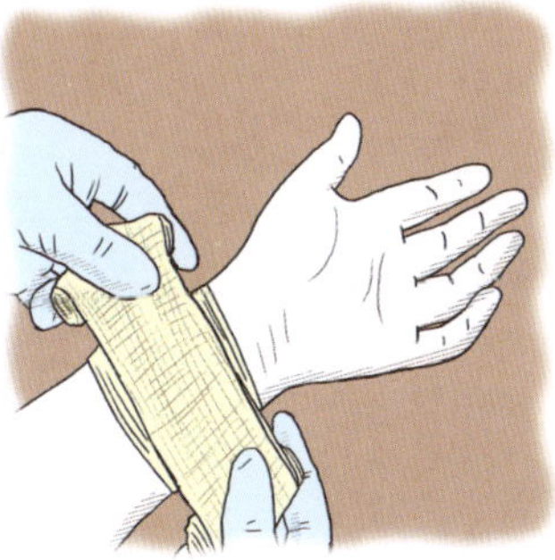

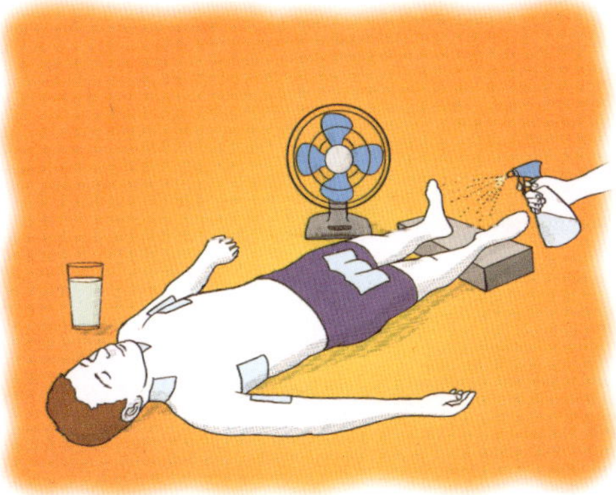

治疗晒伤

用浸过冷水的布料或炉甘石洗剂敷在伤处。再次在阳光下活动的时候，遮盖皮肤或全面涂抹防晒霜。

中暑

中暑是身体过热且体温调节系统失效的后果。症状包括发热、脉搏微弱、体温高、头疼和恶心。中暑后要躺在阴凉处，脱掉外套，用湿海绵给皮肤降温。饮用冷饮。

净化饮水

细菌会在湿热气候下大量繁殖。将水煮开15分钟或用净水药片给水消毒。

伤口消毒

割伤和擦伤都可能会迅速感染。用抗菌药膏或消毒湿巾给所有伤口消毒。

在阴凉处休息

不要在阳光直射的地方休息。用衣服或防水布遮挡阳光。

干燥气候

水是人体的主要需求。人可以在没有食物的情况下存活好几周，没有水却只能生存几天。寻找水源是在沙漠中生存的首要任务。白天要在阴凉处休息，以减少出汗导致的失水。将工作或赶路安排在凉爽的晚上。要避免会引起出汗的剧烈运动。

沙漠

沙漠的年降雨量低于 25 厘米。大部分沙漠都位于北纬 15—30 度和南纬 15—30 度的两个带状区域。干燥的暖空气在这些地区下降，阻碍了雨云形成。白天的沙漠非常炎热，但夜间气温骤降。

生命之水

人每天至少要饮用 2 升水来补充体液。在干燥气候下求生时，每天可能需要 6 升水。饮水不足会导致脱水。除了口渴，脱水还有可能引起恶心、意识模糊和嗜睡。储水不足的时候小口饮用，不要牛饮。

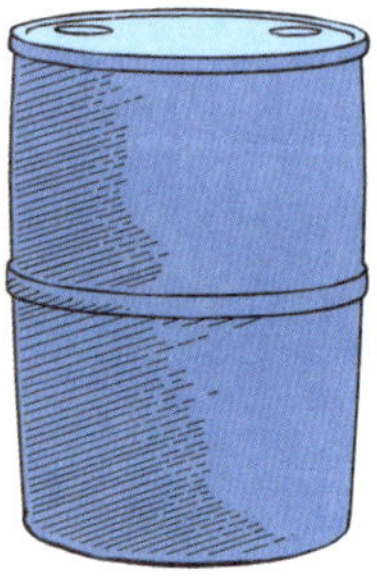

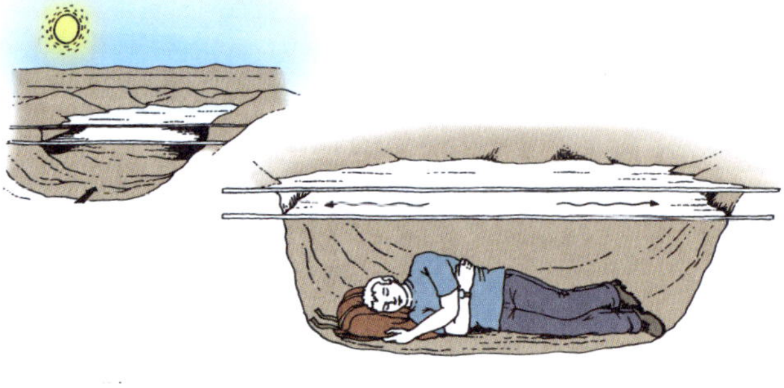

沙漠栖身地

挖一条浅沟，用被单或防水布盖住沟口，并用石头压住遮盖物的边缘。有条件的话，铺设两层遮盖物，在中间留出一个空气夹层。

衣物和装备

选择宽松的薄衣服，注意遮盖身体。浅色衣服可以反射阳光，而深色衣物会吸收阳光。宽檐帽可以保护后颈。防晒霜和太阳镜都是必备之物，还要穿上能抵挡蛇和蝎子的结实靴子。

有可能找到水的地方

在干涸河床的最低处挖掘水源。绿色植物可以指示有水渗入的悬崖壁或地下的细流。动物足迹可能会通往水源，仙人镜和其他一些仙人掌都能提供水。

动物足迹可能表明附近有水

沙尘暴

疾风卷起沙石，形成的沙尘暴遮天蔽日。要佩戴护目镜和口罩，或用衣物裹住脑袋，遮住口鼻。寻找车辆、帐篷或岩石等有遮蔽的地方。

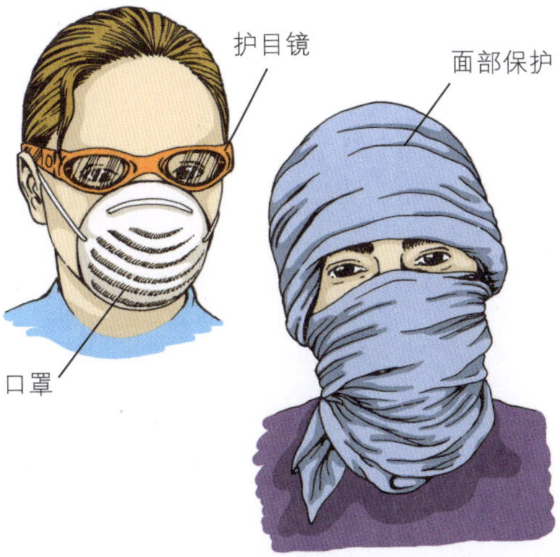

天气预报

事先了解未来的天气情况，对于进行户外活动的人来说非常重要。计划户外旅行的时候，必须查看天气预报。

气象站和气象飞机

全世界的气象站都会提供有关气温、云量、风和降雨的数据。飞机和气球则被用来收集高空的气象数据。

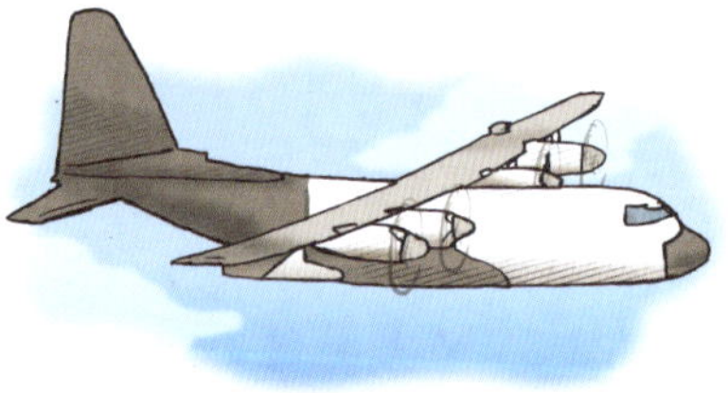

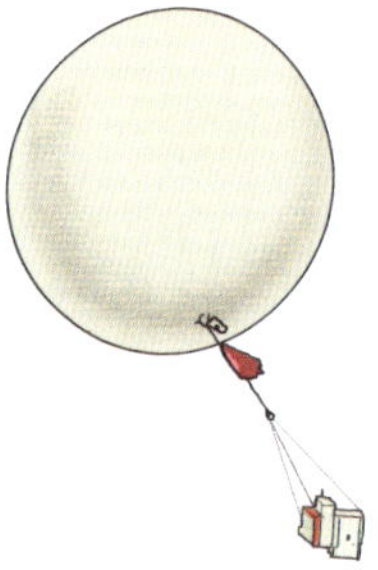

卫星

卫星使用雷达和其他传感器来追踪云团、风暴和飓风。气象专家可以利用这些信息来预测风暴的路径，以便发布警报。

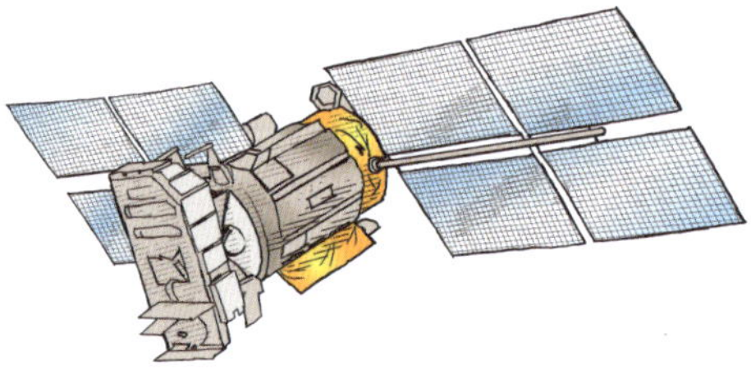

气象浮标

气象观测船和浮标会提供风和海浪等海洋气象信息。这些数据用于预测陆地和海洋的天气情况。

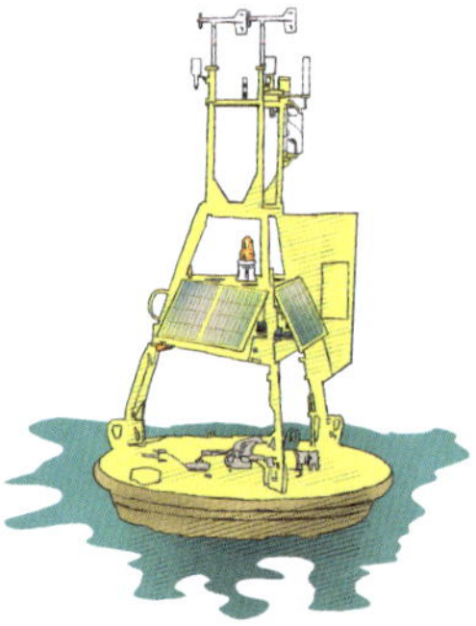

贝尔的话

对比各个网站上今天的天气预报和实际天气，寻找预报最准确的网站。

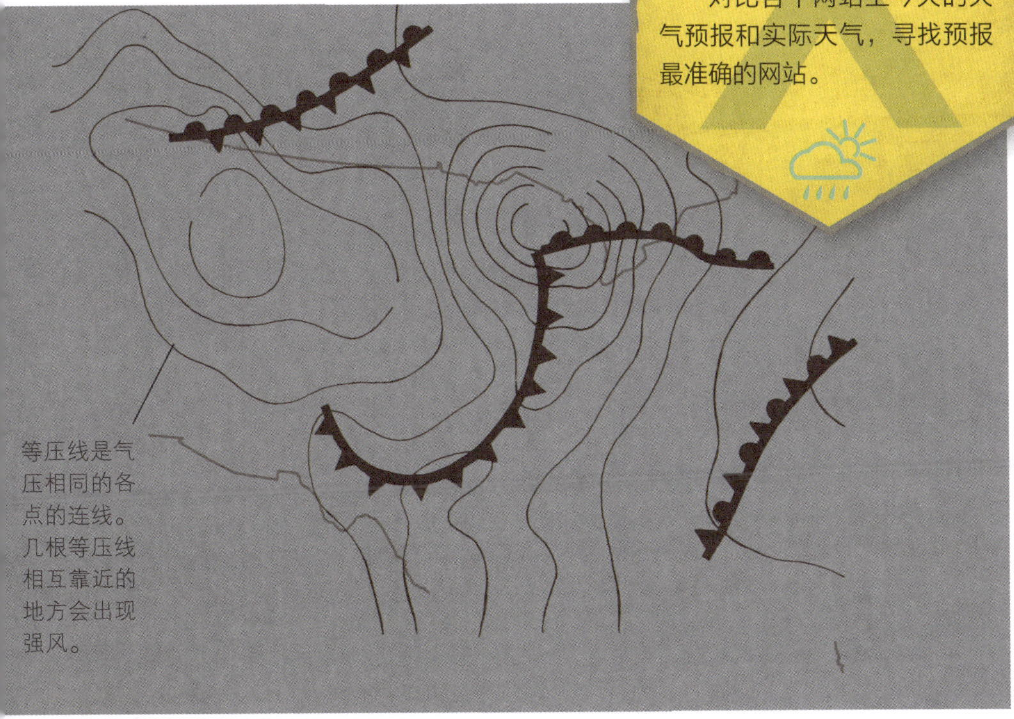

气象图

气象图会显示气压、锋面和气温，还会提供风速和风向信息。很多气象图会有晴天和风暴等各种天气的标志。

气象记录

地球上最热、最冷、最常刮风和最潮湿的地方分别是哪里？下文根据过去150多年的气象记录，列出了下面这些地球上天气最极端的地方。

最强风

地球上速度最快的风是龙卷风。有记录的最大的风速出现于 1999 年袭击美国俄克拉何马城的一场龙卷风，风速高达每小时 486 千米。

最热的地方

气象记录中的最高温度是 56.7 摄氏度，出现于 1913 年 7 月的美国西部的死亡谷。

24 小时最大降雪量

在 1921 年的一场暴风雪中，美国丹佛附近的银湖一天之内就出现了 2.4 米厚的积雪。

最干燥的地方

地球上最干燥的地方是南美洲的阿塔卡马沙漠。极地也非常干燥。

最常刮风的地方

南极洲东部的联邦湾是地球上最常刮风的地方。

最高年降雨量

印度北部的乞拉朋齐镇在 1860—1861 年间记录到了 26 470 毫米的降雨量。附近的马辛拉姆镇是现代年降雨量最高纪录的保持者，年降雨量高达 11 873 毫米。

贝尔的话

气象记录在不断更新。计划旅行的时候一定要紧盯最新消息。

最大的冰雹

1986 年掉落在孟加拉国戈巴尔甘尼县的一块冰雹重达 1 千克。

最高日降雨量

印度洋西南部的留尼汪岛上的锡拉奥曾在 1966 年的一场热带风暴中出现过 1 825 毫米的 24 小时降雨量。

最冷的地方

南极洲的东方站曾记录到 -89 摄氏度的气温，这是气象记录中最低的气温。

桂图登字: 20-2016-331

WEATHER WATCHING
Copyright © Bear Grylls Ventures, 2017
Copyright © Weldon Owen, an imprint of Kings Road Publishing, 2017
Translation copyright © 2017 by Jieli Publishing House Co.Ltd
All rights reserved.

图书在版编目（CIP）数据

气象常识与恶劣天气应对 /（英）贝尔·格里尔斯著；邢立达译. —南宁：接力出版社，2017.11
（荒野求生技能手册）
书名原文：Weather Watching
ISBN 978-7-5448-5130-5

Ⅰ.①气… Ⅱ.①贝…②邢… Ⅲ.①气象学—少儿读物 Ⅳ.①G895-49

中国版本图书馆CIP数据核字（2017）第244122号

责任编辑：车 颖 袁怡黄 美术编辑：林奕薇
责任校对：贾玲云 责任监印：刘 冬 版权联络：王燕超
社长：黄 俭 总编辑：白 冰
出版发行：接力出版社 社址：广西南宁市园湖南路9号 邮编：530022
电话：010-65546561（发行部） 传真：010-65545210（发行部）
http：//www.jielibj.com E-mail：jieli@jielibook.com
经销：新华书店 印制：北京瑞禾彩色印刷有限公司
开本：710毫米×1000毫米 1/16 印张：3 字数：50千字
版次：2017年11月第1版 印次：2022年11月第2次印刷
印数：30 001—33 000册 定价：19.50元

版权所有 侵权必究

质量服务承诺：如发现缺页、错页、倒装等印装质量问题，可直接向本社调换。
服务电话：010-65545440